こんなアップルパイがあったんだ！
フランス、スペイン、オランダ、ポーランド、オーストリアなど
19カ国の27レシピ

世界の
アップルパイ

平野顕子
Akiko HIRANO

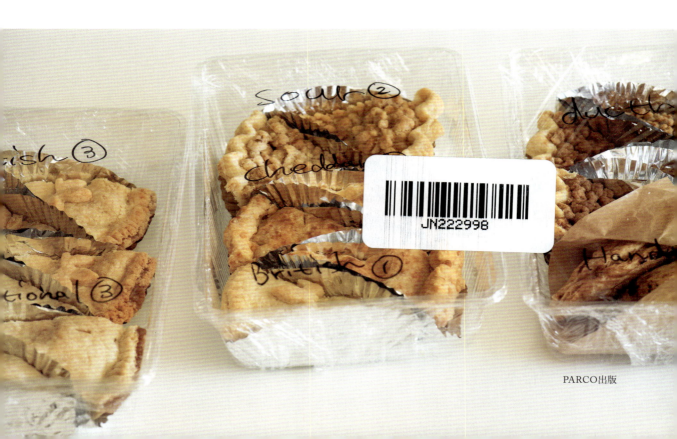

PARCO出版

An apple a day
keeps the doctor away
一日1個のりんごで医者知らず

One bad apple spoils the barrel

1個の腐ったりんごで樽の中全部が腐ってしまうことから、
悪いものは周囲に悪影響を与えるという意味

as American as apple pie

「典型的なアメリカの」や、「非常にアメリカ的な」という意味

The apple doesn't fall far from the tree

りんごは木のまわりから遠くには落ちないことから、
この親にしてこの子ありの意味

prologue

はじめに

アップルパイのない人生は考えられません。

45歳で離婚したあと、アメリカの大学に留学しました。
大学の勉強と同時にアメリカンベーキングも無我夢中で学び、
帰国後は料理の仕事をスタートさせました。

アップルパイとアメリカンベーキングの
教室と店舗を京都と東京にもち、
店舗は京都本店が24年、東京・代官山店は20年になります。

いったい、いくつのアメリカン・アップルパイを焼いてきたことでしょう。

60歳を過ぎてからは、生活の拠点をニューヨークに移し、
現在は日本とニューヨークを行ったり来たりの暮らしです。

これまでに世界各国のアップルパイと出合いました。
ニューヨークで知り合ったさまざまな国籍の友人たちや
ウクライナ系アメリカ人の夫の家族からレシピを教えてもらったり、
新聞や雑誌でアップルパイの記事やコラムを読んだり。
今でも、各国料理のレストランやカフェで、
アップルパイのメニューを見かけると、迷わずオーダーしています。

アップルパイは、どの国でも時代を超えて愛される、普段着の味。

本書で紹介しているのは、私が好きな世界各国のアップルパイのレシピを
日本でも手に入る材料で気軽に作れるように工夫したものです。
みなさまのお気に入りが見つかりますように。どうぞお楽しみください。

平野顕子　Akiko HIRANO

contents

はじめに ………5
アップルパイを焼く前に
読んでおこう ………8

chapter 1

アメリカや
イギリスに代表される
「練りパイ」

練りパイの作り方 ………12
アメリカのクラシック・アップルパイ ………14
アメリカのサワークリーム・アップルパイ ………16
アメリカのハンディ・アップルパイ ………18
アメリカのチェダーチーズクラスト・アップルパイ ………20
イギリスのアップルパイ ………22
イギリスのトラディショナル・アップルパイ
チェダーチーズ添え ………24
ブリティッシュアップルパイ ………26
オランダのダッチ・アップルパイ ………28
ドイツのアップルパイ ………30
スウェーデンのアップルパイ ………32
ポーランドのシャルロトカ ………34

chapter 2

フランスに代表される
「折りパイ」

折りパイの作り方 ………38
フランスのショソン・オ・ポム ………40
フランスのアップルパイ ………42
スペインのタルタ・デ・マンサナ ………44
ベルギーのアップルパイ ………46
デンマークのアップルパイ ………48

chapter 3
オーストリアに代表される「フィロ生地」のシュトゥルーデル

フィロ生地の組み立て方 ………52
オーストリアのアプフェルシュトゥルーデル ………54
チェコのシュトゥルーデル ………56
イタリアのシュトゥルーデル ………58

chapter 4
「タルト風の生地」を使って

フランスのタルト・タタン ………62
スイスのアップルパイ ………64
ハンガリーのアップルパイ ………66

chapter 5
パイと呼ばれる「ケーキ風の生地」で

ウクライナのシャロッカ ………70
ノルウェーのアップルパイ ………72
クロアチアのアップルパイ ………74
イタリア・トスカーナ地方のアップルケーキ ………76
ギリシャのミロピタ ………78

本書の決まり

・大さじ＝15㎖、小さじ＝5㎖です。
・オーブンはあらかじめ設定温度に温めておきます。焼き時間は、熱源や機種などによって多少差があります。表示時間を目安に、様子を見ながら加減してください。
・ショートニングはトランス脂肪酸フリーのものを使用しています。
・卵はL玉を使用しています。
・バターは特に記載のない場合、冷蔵です。
・各レシピの「Apples」に表示されたりんごのマークは、紅玉1個200gの可食部（皮と芯を除いた分）170gで算出した個数になります。1個の重さには個体差がありますので、表示個数は目安にしてください。
・皮つきのままりんごを使う場合、流水で30秒以上しっかり洗ってください（農薬や塗布されているワックスが表面に残っている可能性があるため）。
・焼き上がったパイをすぐに切ると、生地が崩れてしまいます。1日おいてから切り分けましょう。また、1～2日経ったほうがフィリングの味が落ち着いてさらにおいしくなります。
・パイに添えてあるホイップクリームの作り方は掲載していません。

---

columns

1 アップルパイといえば、紅玉 ………10
2 ダブルクラストの端の成形 ………36
3 カスタードクリームの作り方 ………50
4 クランブル／ストゥルーズルの作り方 ………60
5 紅玉が手に入らなかったら ………68

アップルパイを焼く前に読んでおこう

● 「直径9インチ（23.5cm）のパイ型」と「直径18cmの底がはずせる丸型」
本書でよく使う型について

アップルパイのレシピは、ボリュームのある「直径9インチ（23.5cm）のパイ型」を使って、大きく焼くことを基本にしています。また、タルト風やケーキ風のアップルパイでは、主に「直径18cmの底がはずせる丸型」を使用しています。そのほかに、スクエア型やタルト型、型を使わないレシピもいくつか登場します。

● 力を入れなくてもスムーズにのびる
ローリングピン

左右のハンドルを持ち、転がすようにして生地をのばす道具です。あまり力を入れなくても、なめらかに生地がのびていきます。木製のほかに、大理石製やプラスチック製などがあります。ローリングピンがない場合は、めん棒で代用してください。

● 平野顕子オリジナルメソッド
シュレッドして冷凍したバター

練りパイも折りパイも、「シュレッドして冷凍したバター」を用いて生地を作ります。冷蔵庫から取り出したバターをチーズおろし器でおろし（けがに注意）、ラップでふんわり包んで、使う直前まで冷凍庫でバリバリに凍らせておきます。

● 「くし形切り」「いちょう切り」「角切り」「シュレッド」
りんごの切り方

りんごのフィリングは、主に「くし形切り」「いちょう切り」「角切り」「シュレッド」の4パターンの切り方になっています。

ほとんどのレシピでりんごの皮をむいていますが、「フランスのアップルパイ（42〜43ページ参照）」「スペインのタルタ・デ・マンサナ（44〜45ページ参照）」「スイスのアップルパイ（64〜65ページ参照）」「ウクライナのシャロッカ（70〜71ページ参照）」では、皮つきのままりんごを用います。

column 1
アップルパイといえば、紅玉

手に入るなら、アップルパイにはぜひ、「紅玉」を使ってください。
甘味よりも酸味が強い紅玉は、加熱すると独特の甘味が増し、
また、煮崩れしにくい特徴もあるので、アップルパイのフィリングに最適です！

紅玉　Jonathan

　1800年頃にアメリカ・ニューヨークの農園で偶然発見されたりんごです。アメリカでは「ジョナサン」と呼ばれています。日本には1871年に導入され、やがて「紅玉」という名前が付きました。明治、大正、昭和40年代頃までの100年近くにわたり、「国光」と並んで日本の主要品種として人気でした。真っ赤な果皮はかわいらしく、1個180〜200gと小玉。さわやかな酸味と豊かな香りも特徴です。

◆ 選び方

　果皮全体が真っ赤に色づいているものがベスト。時間が経つと、果皮に黒っぽい斑点が現れてきます。また、果皮に適度な張りがあり、もともと小玉ではありますが、持ったときに重量感があるものを選びましょう。

◆ 保存

　ほかの品種よりも「エチレン」という成長ホルモンを多く出します。エチレンはまわりの果物や野菜を成長させるので、保存する場合は1玉ずつペーパータオルなどで包みます。室内に置くなら、箱などに入れて風通しのよい冷暗所に。冷蔵保存するなら、1玉ずつペーパータオルなどで包んだあと、さらにポリ袋や紙袋に入れます。常温保存は1ヶ月ほど、冷蔵保存は2ヶ月ほどを目安に食べきりましょう。

◆ 栄養素

　りんごには、高い抗酸化作用があるとされる「ポリフェノール」のほか、疲労解消などの効果が期待できる「クエン酸」、整腸作用、コレステロール値や血糖値を下げるとされる「ペクチン（食物繊維）」などの栄養素がたっぷり詰まっています。

chapter 1

アメリカや
イギリスに代表される
「練りパイ」

練り込みパイ生地を使って、ダイナミックに焼き上げます。

アメリカ、イギリス、オランダ、ドイツ、スウェーデン、ポーランド。

りんごを愛する国々に伝わる、シンプルなアップルパイ。

練りパイの作り方

本書では、
底と表面の両方にパイ生地を使う
「ダブルクラスト」が基本の材料です。
ショートニングを用いますが、
同量のバターに代えてもOK。
その場合、ショートニング特有のサクサク、
ポロポロとした食感は失われますが、
バターの豊かな風味がより一層楽しめます。

基本の材料：直径9インチ(23.5cm)のパイ型1台分
【生地】
薄力粉…280g
グラニュー糖…大さじ2
塩…小さじ1/4
ショートニング(冷蔵)…75g
バター(食塩不使用／シュレッドして冷凍)…110g
冷水…105〜120ml

Ingredients

Recipe

基本の作り方

1 ボウルに合わせてふるった粉類（薄力粉、グラニュー糖、塩）を入れ、ショートニングを冷たいまま加える。スケッパーを垂直にあてて切るようにしながら、混ぜ合わせる。

2 ショートニングが1cm大のかたまりになったらOK。

3 バターを凍ったまま加える。スケッパーを垂直にあてて切るようにしながら、混ぜ合わせる。

途中、ボウルをゆすりながら回すと、かたまりが中心に浮き出てくる。

バターが5mm大のかたまりになったらOK。

冷水を回しかける。

大きめのフォークで生地を持ち上げるようにしながら、練らないように注意して混ぜ合わせる。

今度は円を描くようにしながら、練らないように注意して混ぜ合わせる。

この状態になったらOK。

カードで生地をひとまとめにして、ふたつに切り分ける。

それぞれソフトボール大にまとめる。

空気が入らないようにラップでぴっちりと包み、上から押して厚さ2〜3cmにする。

冷蔵庫で**30分**ほど休ませる。

pie
練りパイ
1

United States of America ● アメリカ合衆国

chapter 1　アメリカやイギリスに代表される「練りパイ」

アメリカのクラシック・アップルパイ

底と表面の両方にパイ生地を使う「ダブルクラスト」で
生のりんごのフィリングを包んで蒸し焼きにする、
アメリカの伝統的な定番レシピです。
松之助でも秋冬限定で登場する一番人気のアップルパイ！

Apples
約 **4.7** 個

Ingredients

● 材料：直径9インチ（23.5cm）のパイ型1台分

【生地】
薄力粉 …280g
グラニュー糖 …大さじ2
塩 …小さじ1/4
ショートニング（冷蔵）…75g
バター（食塩不使用／シュレッドして冷凍）…110g
冷水 …105 〜 120mℓ

【りんごのフィリング】
りんご …正味800g
Ⓐ グラニュー糖 …50g
　ブラウンシュガー …大さじ2
　薄力粉 …大さじ2
　シナモンパウダー …小さじ1/2
　ナツメグパウダー …小さじ1/4

【散らし用】
バター（食塩不使用／1.5cm角に切って冷蔵）…20g

【溶き卵】
卵 …1個
水 …大さじ1

Recipe

● 作り方

【生地】

1 練りパイの作り方と同様にする。
➡ 12 〜 13ページ参照

【りんごのフィリング】

2 りんごは皮をむき、厚さ2 〜 3mmのくし形切りにする。

3 ボウルに **2**、Ⓐを入れて両手で混ぜ、りんごがしんなりするまで10分ほどおく。

【組み立て】

4 打ち粉（分量外）をした台の上で、**1** の生地をふたつともローリングピンで直径27 〜 30cmの丸形にのばす。

5 型の底に **4** の生地を1枚しき、その上に **3** のりんごのフィリングをふんわり広げ、バターを散らす。

6 もう1枚の **4** の生地をかぶせる。2枚の生地を下から巻き込みながら合わせ、波形に成形する（36ページ参照）。

7 卵と水を混ぜた溶き卵をハケで表面に塗り、包丁の先で12 〜 15か所の空気穴を開ける。

8 210℃に予熱したオーブンで10分ほど焼き、190℃に下げてさらに15分ほど、170℃に下げて15分ほど焼く。中心部に竹串を刺し、スムーズに通れば焼き上がり。

アメリカの
サワークリーム・アップルパイ

くるみ入りのサクサク「クランブル」をたっぷりのせて焼く、
底生地だけを使う「シングルクラスト」の定番アップルパイ。
クランブルには、オーブンでりんごを焼き上げるための
フタの役割を担うので、隙間なく表面を覆いつくすのがポイントです。

Apples

約**2**個

Ingredients

● 材料：直径9インチ（23.5cm）のパイ型1台分

【生地】

薄力粉 …140g

グラニュー糖 …小さじ1

塩 …小さじ1/4

ショートニング（冷蔵）…40g

バター（食塩不使用／シュレッドして冷凍）…55g

冷水 …大さじ4〜5

【りんごのフィリング】

りんご …正味350g

Ⓐ サワークリーム …75g

　 卵 …1個

　 バニラエクストラクト …小さじ1/2

Ⓑ グラニュー糖 …100g

　 薄力粉 …大さじ1

　 シナモンパウダー …小さじ1/4

　 塩 …ひとつまみ

【クランブル】

Ⓒ 薄力粉 …140g

　 グラニュー糖 …100g

　 くるみ（粗く砕く）…40g

　 シナモンパウダー …小さじ1/2

溶かしバター（食塩不使用）…85g

Recipe

● 作り方

【生地】

1　練りパイの作り方と同様にする。

➜ **12 〜 13 ページ参照**

基本の作り方❿で生地は半分に切らず、ひとつにまとめる。

【りんごのフィリング】

2　りんごは皮をむき、厚さ2〜3mmのくし形切りにする。

3　ボウルにⒶを入れて混ぜる。Ⓑ、**2**を加えて両手で混ぜ、りんごがしんなりするまで10分おく。

【クランブル】

4　別のボウルにⒸを入れて混ぜ、溶かしバターを回しかけたら、大きめのそぼろ状になるまでフォークで混ぜる。5分ほど冷蔵庫で休ませたあと、手でほぐしそぼろ状に仕上げる。

【組み立て】

5　打ち粉（分量外）をした台の上で、**1**の生地をローリングピンで直径27〜30cmの丸形にのばす。

6　型の底に**5**の生地をしき、上から巻き込み、波形に成形する。

7　その上に**3**のりんごのフィリングをふんわりと広げ、フィリングをすっぽりとおおうように、**4**のクランブルをまんべんなくのせる。

8　210℃に予熱したオーブンで15分ほど焼き、190℃に下げてさらに20分ほど、170℃に下げて8分ほど焼く。中心部に竹串を刺し、スムーズに通れば焼き上がり。

pie
練りパイ
2

United States of America ●アメリカ合衆国

pie
練りパイ
3

United States of America ● アメリカ合衆国

アメリカのハンディ・アップルパイ

有名ハンバーガーショップでよく目にするメニューですが、
本書では揚げるのではなくベークします。
アメリカの大学に留学していた40代の頃、
学生寮の地下の共同キッチンでよく焼いていました。

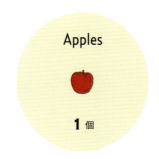

Ingredients

● 材料：7〜8個分

【生地】
薄力粉 …190g
グラニュー糖 …大さじ1/2
塩 …ひとつまみ
ショートニング（冷蔵）…60g
バター（食塩不使用／シュレッドして冷凍）…60g
冷水 …50㎖
卵 …1/2個

【りんごのフィリング】
りんご …1個
バター（食塩不使用）…15g
Ⓐ グラニュー糖 …25g
　 コーンスターチ …大さじ1/2
　 レモン汁 …小さじ1/2
　 シナモンパウダー …小さじ1/4
　 塩 …ひとつまみ

【溶き卵】
卵 …1個
水 …大さじ1

Recipe

● 作り方

【生地】

1　練りパイの作り方と同様にする。
➡ 12〜13ページ参照
基本の作り方❻で冷水を回しかけるとき、溶いた卵も一緒に加える。

【りんごのフィリング】

2　りんごは皮をむき、1cmほどの角切りにする。

3　鍋にバターを入れて中火にかけ、バターが溶けたら**2**、Ⓐを加え、りんごの形が残る程度まで煮詰める。粗熱を取っておく。

【組み立て】

4　打ち粉（分量外）をした台の上で、**1**の生地をふたつともローリングピンで厚さ4〜5mmにのばす。直径10cmほどの丸い抜き型で、2枚の生地合わせて7〜8枚抜く。

5　生地の片側に、**3**のりんごのフィリングをのせる。卵と水を混ぜた溶き卵をハケで生地の縁に塗り、二つ折りにする。閉じ目にフォークを強くおしつけ、しっかりと重ね合わせる。

6　包丁の先で表面に数か所の空気穴を開け、溶き卵をハケで塗る。

7　ベーキングペーパーをしいた天板にのせ、220℃に予熱したオーブンで10分ほど焼き、200℃に下げてさらに15分ほど焼く。中心部に竹串を刺し、スムーズに通れば焼き上がり。

United States of America ●アメリカ合衆国

pie
練りパイ
4

20　chapter 1　アメリカやイギリスに代表される「練りパイ」

アメリカの
チェダーチーズクラスト・アップルパイ

シュレッドした「チェダーチーズ」をパイ生地に練り込みます。
アメリカでの菓子作りの師匠であり、大親友でもあるシャロル先生の
おばあちゃまから教わった、とっておきのレシピ。
チーズの塩味と甘味のほどよいバランスが抜群です。

Apples
約 **4.4**個

Ingredients

● 材料：直径9インチ（23.5cm）のパイ型1台分

【生地】

薄力粉…280g

塩…小さじ1/2

ショートニング（冷蔵）…80g

バター（食塩不使用／シュレッドして冷凍）…80g

チェダーチーズ（シュレッドして冷凍）…150g

冷水…180mℓ

【りんごのフィリング】

りんご…正味750g

Ⓐ レーズン…35g

　 ブラウンシュガー…大さじ4

　 グラニュー糖…大さじ3

　 薄力粉…大さじ2

　 レモン汁…大さじ1

　 シナモンパウダー…小さじ1/2

　 ナツメグパウダー…小さじ1/8

　 ジンジャーパウダー…小さじ1/8

【散らし用】

バター（食塩不使用／1.5cm角に切って冷蔵）…20g

【溶き卵】

卵…1個

水…大さじ1

【散らし用】

グラニュー糖…適量

Recipe

● 作り方

【生地】

1 練りパイの作り方と同様にする。

➡ 12〜13ページ参照

基本の作り方❸でバターを混ぜたあと、チェダーチーズを加えて一緒に混ぜ合わせ、5mm大のかたまりにする。

【りんごのフィリング】

2 りんごは皮をむき、厚さ2〜3mmのくし形切りにする。

3 ボウルに**2**、Ⓐを入れて両手で混ぜ、りんごがしんなりするまで10分ほどおく。

【組み立て】

4 打ち粉（分量外）をした台の上で、**1**の生地をふたつともローリングピンで直径27〜30cmの丸形にのばす。

5 型の底に**4**の生地を1枚しき、その上に**3**のりんごのフィリングをふんわりと広げ、バターを散らす。

6 もう1枚の**4**の生地をかぶせる。2枚の生地を下から巻き込みながら合わせ、波形に成形する（36ページ参照）。

7 卵と水を混ぜた溶き卵をハケで表面に塗り、包丁の先で12〜15か所の空気穴を開ける。その上にグラニュー糖を散らす。

8 210℃に予熱したオーブンで20分ほど焼き、190℃に下げてさらに10分ほど、170℃に下げて15分ほど焼く。中心部に竹串を刺し、スムーズに通れば焼き上がり。

イギリスのアップルパイ

アップルパイの発祥はイギリスといわれています。
世界で最も古い14世紀頃のレシピが今も残っているそうです。
そんなアップルパイの故郷イギリスに敬意を表して、
古代小麦とも称される「スペルト小麦」を生地に混ぜました。

Apples
約 **3.5** 個

Ingredients

● 材料：直径9インチ（23.5cm）のパイ型1台分

【生地】
薄力粉 …200g
スペルト小麦 …50g
塩 …ひとつまみ
バター（食塩不使用／シュレッドして冷凍）…175g
冷水 …大さじ2
酢 …大さじ1
卵 …1個

【りんごのフィリング】
りんご …正味600g
Ⓐ グラニュー糖 …80g
　コーンフラワー …大さじ2
　レモン汁 …小さじ1/2
　レモン皮のすりおろし（農薬不使用）…小さじ1/2
　シナモンパウダー …小さじ1/4
　クローブパウダー …小さじ1/8
　オールスパイスパウダー …小さじ1/8

Recipe

● 作り方

【生地】

1 練りパイの作り方と同様にする。
➡ 12 〜 13 ページ参照
基本の作り方❶ではボウルに合わせてふるった粉類を入れる。❷はなし。❻で冷水を回しかけるとき、酢と溶いた卵も一緒に加える。

【りんごのフィリング】

2 りんごは皮をむき、厚さ2〜3mmのくし形切りにする。

3 ボウルに**2**、Ⓐを入れて両手で混ぜ、りんごがしんなりするまで10分ほどおく。

【組み立て】

4 打ち粉（分量外）をした台の上で、**1**の生地のひとつをローリングピンで直径27〜30cmの丸形にのばす。もうひとつは厚さ2〜3mmにのばし、幅2cmほどの棒状に16本切る。

5 型の底に**4**の丸形の生地をしき、その上に**3**のりんごのフィリングをふんわりと広げる。

6 **4**の棒状の生地を縦横交互の格子状に編み込む。型からはみ出た生地は切り落とす。

7 200℃に予熱したオーブンで20分ほど焼き、190℃に下げてさらに30分ほど焼く。中心部に竹串を刺し、スムーズに通れば焼き上がり。

pie
練りパイ 5

United Kingdom of Great Britain and Northern Ireland ●英国

pie
練りパイ
6

United Kingdom of
Great Britain
and Northern Ireland ●英国

24　chapter 1　アメリカやイギリスに代表される「練りパイ」

イギリスの
トラディショナル・アップルパイ
チェダーチーズ添え

約 **4.4** 個

イギリスではスライスした「チェダーチーズ」を添えて
アップルパイを食べる習慣があるそうです。
チェダーチーズはイギリス・サマセット州チェダー生まれ。
一緒にいただくと、まさに至福の贅沢な味わいです。

Ingredients

● 材料：直径9インチ（23.5cm）のパイ型1台分

【生地】

薄力粉 …280g
塩 …小さじ 1/4
ショートニング（冷蔵）…90g
バター（食塩不使用／シュレッドして冷凍）…70g
冷水 …110mℓ

【りんごのフィリング】

りんご …正味750g
Ⓐ グラニュー糖 …65g
　 ブラウンシュガー …65g
　 シナモンパウダー …小さじ1
　 ナツメグパウダー …小さじ1/2

【散らし用】

バター（食塩不使用／1.5cm角に切って冷蔵）…15g

【添えるもの】

チェダーチーズ …適量

Recipe

● 作り方

【生地】

1　練りパイの作り方と同様にする。
➡ 12 〜 13ページ参照
基本の作り方❽と❾はなし。❿ではカードと手を使う。

【りんごのフィリング】

2　りんごは皮をむき、厚さ2 〜 3mmのくし形切りにする。

3　ボウルに**2**、Ⓐを入れて両手で混ぜ、りんごがしんなりするまで10分ほどおく。

【組み立て】

4　打ち粉（分量外）をした台の上で、**1**の生地をふたつともローリングピンで直径27 〜 30cmの丸形にのばす。

5　型の底に**4**の生地を1枚しき、その上に**3**のりんごのフィリングをふんわり広げ、バターを散らす。

6　もう1枚の**4**の生地をかぶせる。はみ出た生地は切り落とし、生地の縁にフォークを強くおしつけ、しっかりと重ね合わせる。

7　包丁の先で表面に12〜15か所の空気穴を開ける。

8　210℃に予熱したオーブンで20分ほど焼き、190℃に下げてさらに20分ほど、170℃に下げて10分ほど焼く。中心部に竹串を刺し、スムーズに通れば焼き上がり。

United Kingdom of Great Britain and Northern Ireland ●英国

pie
練りパイ
7

26　chapter 1　アメリカやイギリスに代表される「練りパイ」

ブリティッシュアップルパイ

スパイス類を何も加えないフィリングは、とてもシンプル！昔ながらのオーソドックスな堅実ともいえるレシピです。「カスタードクリーム（50ページ参照）」や「ホイップクリーム」を添えていただくことをおすすめします。

Apples
約**5.2**個

Ingredients

●材料：直径9インチ（23.5cm）のパイ型1台分

【生地】
薄力粉 …280g
グラニュー糖 …大さじ1
塩 …小さじ1/2
バター（食塩不使用／シュレッドして冷凍）…225g
冷水 …大さじ4

【りんごのフィリング】
りんご …正味900g
Ⓐ グラニュー糖 …大さじ4
　 レモン汁 …大さじ1
　 レモン皮のすりおろし（農薬不使用）…小さじ1

Recipe

●作り方

【生地】
1 練りパイの生地の作り方と同様にする。
➡ 12 〜 13ページ参照
基本の作り方❶ではボウルに合わせてふるった粉類を入れる。❷はなし。

【りんごのフィリング】
2 りんごは皮をむき、厚さ2 〜 3mmのいちょう切りにする。
3 鍋に**2**、Ⓐを入れて中火にかけ、りんごがしんなりするまで煮詰める。粗熱を取っておく。

【組み立て】
4 打ち粉（分量外）をした台の上で、**1**の生地をふたつともローリングピンで直径27 〜 30cmの丸形にのばす。
5 型の底に**4**の生地を1枚しき、その上に**3**のりんごのフィリングをふんわりと広げる。
6 もう1枚の**4**の生地をかぶせる。はみ出た生地を切り落とし、生地の縁にフォークを強くおしつけ、しっかりと重ね合わせる。残った生地はのばしてクッキー型で抜き、飾りとして使ってもいい。
7 包丁の先で表面に12〜15か所の空気穴を開ける。
8 200℃に予熱したオーブンで20分ほど焼き、190℃に下げてさらに30分ほど焼く。中心部に竹串を刺し、スムーズに通れば焼き上がり。

オランダのダッチ・アップルパイ

伝統的に食べられている、レストランやカフェの定番スイーツ。
もちろん、ホームメイドもされていて、
各家庭にはそれぞれお気に入りのレシピがあるそうです。
お好みで「ホイップクリーム」を添えても。

Apples
約 **2.8** 個

Ingredients

● 材料：直径9インチ（23.5cm）のパイ型1台分

【生地】
薄力粉 …175g
塩 …ひとつまみ
バター（食塩不使用／シュレッドして冷凍）…55g
冷水 …60㎖
サラダ油 …大さじ2と1/2

【りんごのフィリング】
りんご …正味480g
Ⓐ グラニュー糖 …50g
　薄力粉 …大さじ1と1/2
　レモン汁 …大さじ1/2
　シナモンパウダー …小さじ1
　ナツメグパウダー …小さじ1/4
　クローブパウダー …ひとつまみ

【ストゥルーズル】
ストゥルーズル（60ページ参照）…全量

Recipe

● 作り方

【生地】

1　練りパイの生地の作り方と同様にする。
➡ 12～13ページ参照

基本の作り方❶ではボウルに合わせてふるった粉類を入れる。❷はなし。❻で冷水を回しかけるとき、サラダ油も一緒に加える。❿ではフォークとカードを使い、生地は半分に切らず、ひとつにまとめる。

【りんごのフィリング】

2　りんごは皮をむき、厚さ2～3mmのくし形切りにする。
3　ボウルに**2**、Ⓐを入れて両手で混ぜ、りんごがしんなりするまで10分ほどおく。

【組み立て】

4　打ち粉（分量外）をした台の上で、**1**の生地をローリングピンで直径27～30cmの丸形にのばす。
5　型の底に**4**の生地をしき、上から巻き込み、波形に成形する。
6　その上に**3**のりんごのフィリングをふんわりと広げ、フィリングをすっぽりとおおうように、ストゥルーズルをまんべんなくのせる。
7　210℃に予熱したオーブンで20分ほど焼き、190℃に下げてさらに15分ほど、170℃に下げて5分ほど焼く。中心部に竹串を刺し、スムーズに通れば焼き上がり。

28　chapter 1　アメリカやイギリスに代表される「練りパイ」

Kingdom of the Netherlands
● オランダ王国

pie
練りパイ
8

Federal Republic of Germany ●ドイツ連邦共和国

pie
練りパイ
9

30　chapter 1　アメリカやイギリスに代表される「練りパイ」

ドイツのアップルパイ

ドイツでは庭にりんごの木を植える習慣があり、
戦時中に食料を確保するために広まったとされています。
今では大きな鉢植えのりんごをバルコニーで育てる家庭もあるそう！
りんご好きのドイツに伝わる、素朴なアップルパイです。

Apples

約 **2.2** 個

Ingredients

● 材料：直径9インチ（23.5cm）のパイ型1台分

【生地】
薄力粉 …300g
グラニュー糖 …125g
ベーキングパウダー …小さじ1
塩 …ひとつまみ
バター（食塩不使用／シュレッドして冷凍）…150g
卵 …1個
バニラエクストラクト …小さじ1

【りんごのフィリング】
りんご …正味380g
Ⓐ レーズン …15g
　グラニュー糖 …大さじ1/2
　薄力粉 …大さじ1/2
　シナモンパウダー …小さじ1/2
　レモン汁 …大さじ1/2

【溶き卵】
卵 …1個
水 …大さじ1

【仕上げ（ジャム液）】
好みのジャム …大さじ1
ブランデー …大さじ1

Recipe

● 作り方

【生地】

1 練りパイの作り方と同様にする。
→ 12〜13ページ参照
基本の作り方❶ではボウルに合わせてふるった粉類を入れる。❷はなし。❻で冷水ではなく、卵とバニラエクストラクトを加える。❽と❾はなし。❿ではカードと手を使う。

【りんごのフィリング】

2 りんごは皮をむき、厚さ2〜3mmのいちょう切りにする。

3 ボウルに**2**、Ⓐを入れて両手で混ぜ、りんごがしんなりするまで10分ほどおく。

【組み立て】

4 打ち粉（分量外）をした台の上で、**1**の生地のひとつをローリングピンで直径27〜30cmの丸形にのばす。もうひとつは厚さ2〜3mmにのばし、幅2.5cmほどの棒状に12本切る。

5 型の底に**4**の丸形の生地をしき、その上に**3**のりんごのフィリングをふんわりと広げる。

6 **4**の棒状の生地を縦横交互の格子状に編み込む。型からはみ出た生地は切り落とし、生地の縁にフォークを軽くおしつける。

7 卵と水を混ぜた溶き卵をハケで表面に塗る。

8 200℃に予熱したオーブンで10分ほど焼き、190℃に下げてさらに10分ほど、170℃に下げて13分ほど焼く。中心部に竹串を刺し、スムーズに通れば焼き上がり。

【仕上げ（ジャム液）】

9 焼き上がったら、好みのジャムとブランデーを混ぜたジャム液を表面に塗る。

pie
練りパイ
10

Kingdom of Sweden ● スウェーデン王国

32　chapter 1　アメリカやイギリスに代表される「練りパイ」

スウェーデンのアップルパイ

国民の果物といわれるほど、スウェーデンの人々に愛されるりんご。
品種もいろいろあり、日常的によく食べられているのだとか。
数多いアップルパイのレシピから、普段着の簡単レシピを選びました。
「バニラアイスクリーム」や「ホイップクリーム」を添えてどうぞ。

約 **2.6** 個

Ingredients

● 材料：直径18cmの底がはずせる丸型1台分

【生地】

薄力粉 …120g

グラニュー糖 …70g

バター（食塩不使用／シュレッドして冷凍）…90g

冷水 …大さじ1

卵 …1/2個

【りんごのフィリング】

りんご …正味450g

Ⓐ グラニュー糖 …大さじ1/2
　シナモンパウダー …大さじ1/2

Recipe

● 作り方

【生地】

1　練りパイの作り方と同様にする。

➡ 12 〜 13ページ参照

基本の作り方❶とではボウルに合わせてふるった粉類を入れる。❷はなし。❺では全体がコーンミールのようになるまで、両手ですり合わせる。❻で冷水を回しかけるとき、溶いた卵も一緒に加える。❽と❾はなし。❿ではカードと手を使い、生地は半分に切らず、ひとつにまとめる。

【りんごのフィリング】

2　りんごは皮をむき、厚さ2 〜 3mmのくし形切りにする。

3　ボウルに2、Ⓐを入れて両手で混ぜ、りんごがしんなりするまで10分ほどおく。

【組み立て】

4　打ち粉（分量外）をした台の上で、1の生地をローリングピンで20cmほどにのばし、型の直径に合わせて丸く切る。フォークで全体に空気穴を開ける。

5　型の底に3のりんごのフィリングを広げ、4の生地をかぶせる。

6　200℃に予熱したオーブンで20分ほど焼き、190℃に下げてさらに10分ほど焼く。中心部に竹串を刺し、スムーズに通れば焼き上がり。

pie
練りパイ
11

Republic of Poland ・ポーランド共和国

34　chapter 1　アメリカやイギリスに代表される「練りパイ」

ポーランドのシャルロトカ

秋冬になると果物売り場はりんご一色になるというポーランドに昔から伝わる飾り気のない家庭菓子です。
シュレッドしたパイ生地をフィリングの上にのせるのがユニーク！
お好みで「アイスクリーム」を添えても。

Ingredients

● 材料：18×18cmのスクエア型1台分

【生地】
薄力粉 …175g
グラニュー糖 …60g
ベーキングパウダー …小さじ1/2
バター（食塩不使用／シュレッドして冷凍）…110g
ヨーグルト …25g
バニラエクストラクト …小さじ1/2

【りんごのフィリング】
りんご …正味750g
Ⓐ グラニュー糖 …25g
　シナモンパウダー …小さじ1
　ジンジャーパウダー …小さじ1/2
　ナツメグパウダー …小さじ1/8
　バニラエクストラクト …小さじ1/2
バター（食塩不使用）…15g

Recipe

● 作り方

【生地】

1　練りパイの作り方と同様にする。
→ 12〜13ページ参照
基本の作り方❶とではボウルに合わせてふるった粉類を入れる。❷はなし。❻で冷水ではなく、ヨーグルトとバニラエクストラクトを加える。❽と❾はなし。❿ではカードと手を使い、生地をふたつに切り分け、ひとつは冷凍する。もうひとつは冷蔵庫で休ませる。

【りんごのフィリング】

2　りんごは皮をむき、厚さ2〜3mmのいちょう切りにする。

3　ボウルに**2**、Ⓐを入れて両手で混ぜ、10分ほどおく。

4　鍋にバターを入れて中火にかけ、バターが溶けたら**3**を加えて、水分がなくなるまで10分ほど炒める。

【組み立て】

5　打ち粉（分量外）をした台の上で、**1**の冷蔵生地をローリングピンで20×20cmほどにのばし、18×18cmの正方形に切る。

6　ベーキングペーパーをしいた型の底に**5**の生地をしき、フォークで全体に空気穴を開ける。その上に**4**のりんごのフィリングをまんべんなく広げる。

7　**1**の冷凍生地を5分ほど常温にもどしてシュレッドし（けがに注意）、りんごのフィリングが見えないように、まんべんなくのせる。

8　190℃に予熱したオーブンで37分ほど焼く。中心部に竹串を刺し、スムーズに通れば焼き上がり。

column 2
ダブルクラストの端の成形

重なった生地を下から巻き込み、
美しい波形に成形する方法です。

●本書では、「アメリカのクラシック・アップルパイ（14〜15ページ参照）」「アメリカのチェダーチーズクラスト・アップルパイ（20〜21ページ参照）」で用います。

【生地を巻き込む】

1 上と下の両方のパイ生地が重なった状態。
2 重なった端の生地を下から上に巻き込む。
3 均一になるように、余分な生地はちぎって調整する。
4 巻き込んだ端の生地は、パイ型の縁にのせるようにする。

【波形を作る】

5 まずは内側に人差し指をおき、もう片方の手の親指と人差し指で生地越しにつまむようにはさむ。
6 次からは内側に親指を添えて、くっきりとした波形を作る。

chapter 2

フランスに代表される「折りパイ」

折り込みパイ生地を使って、美しく焼き上げます。

フランス、スペイン、ベルギー、デンマーク。

美食と情熱の国々に伝わる、見目麗しいアップルパイ。

折りパイの作り方

本書では、板状のバターではなく、
シュレッドして冷凍した
バターを使うオリジナルレシピで、
簡単に折りパイの生地を作ります。
冷凍バターと粉類をなじませるとき、
バターをつぶさないようにするのがポイント。
軽くてサクサクとした
軽快な食感に仕上がります。

基本の材料：直径9インチ(23.5cm)のパイ型1台分
【生地】
薄力粉 …125g
強力粉 …125g
塩 …小さじ1/2
バター（食塩不使用／シュレッドして冷凍）…190g
冷水 …140ml

Ingredients

Recipe

基本の作り方

1 ボウルに合わせてふるった粉類（薄力粉、強力粉、塩）を入れ、バターを凍ったまま加える。

2 手でバターをつぶさないようにしながら、粉類となじませる。

3 冷水を回しかけ、すぐに大きめのフォークで水分を全体に広げる。

④ カードにもちかえ、生地をひとまとめにする。

⑤ 空気が入らないようにラップで包む。

冷蔵庫で1時間ほど休ませる。

⑥ 冷蔵庫から出した生地に十字の切れ目を入れる。

⑦ 切れ目を手で広げ、生地を正方形にする。

⑧ 打ち粉（分量外）をした台の上で、生地をローリングピンで厚さ1～2cmの長方形にのばす。生地の幅の3倍の長さが目安。

⑨ 途中、カードで生地の側面がまっすぐになるように整える。

⑩ 生地を三つ折りにして重ねる。

冷蔵庫で1時間ほど休ませる。

三つ折りの生地を90度回転させ、折り込みの工程⑧～⑩をさらに2回繰り返す。

⑪ 打ち粉（分量外）をした台の上で、冷蔵庫から取り出した生地をローリングピンで厚さ1～2cmの長方形にのばす。生地の幅の3倍の長さが目安。

⑫ 生地を三つ折りにして重ねる。

三つ折りの生地を90度回転させ、折り込みの工程⑪～⑫をさらに2回繰り返す。

39

French Republic ●フランス共和国

pie
折りパイ
1

フランスのショソン・オ・ポム

フランス語で「ショソン」はスリッパ、「ポム」はりんごの意味。
スリッパのような半月形のアップルパイです。
一説によると16世紀頃から食べられていて、レシピも多種多様。
本書では、「カスタードクリーム」を入れて作ります。

Apples

約 **1.1** 個

Ingredients

● 材料：8個分

【生地】
薄力粉 …125g
強力粉 …125g
塩 …小さじ1/2
バター（食塩不使用／シュレッドして冷凍）…190g
冷水 …140mℓ

【りんごのフィリング】
りんご …正味190g
バター（食塩不使用）…10g
Ⓐ ブラウンシュガー …大さじ1と1/2
　 レーズン …10g

【カスタードクリーム】
カスタードクリーム（50ページ参照）…160g

【溶き卵】
卵 …1個
水 …大さじ1

Recipe

● 作り方

【生地】

1　折りパイの作り方と同様にする。
➡ 38〜39ページ参照

【りんごのフィリング】

2　りんごは皮をむき、7mmほどの角切りにする。

3　鍋にバターを入れて中火にかけ、バターが溶けたら**2**、Ⓐを加え、軽く火を通す。

【組み立て】

4　打ち粉（分量外）をした台の上で、**1**の生地をローリングピンで厚さ7mmほどにのばし、直径10cmほどの丸い抜き型で8枚抜く。

5　ラップをかけ、生地が落ち着くまで、冷蔵庫で10分ほど冷やす。冷蔵庫から取り出したら、それぞれローリングピンで15cmほどの楕円形にのばす。

6　生地の片側に縁1cmほど残し、カスタードクリーム20gほどをのせる。

7　カスタードクリームの上に、**3**のりんごのフィリングをのせる。卵と水を混ぜた溶き卵をハケで生地の縁に塗り、二つ折りにする。生地の縁にフォークを強くおしつけ、しっかりと重ね合わせる。ラップをかけ、生地が落ち着くまで、冷蔵庫で15分ほど冷やす。

8　裏返しにして、溶き卵を塗る。包丁の背で表面全体に模様を描く。

9　ベーキングペーパーをしいた天板にのせ、210℃に予熱したオーブンで15分ほど焼き、200℃に下げてさらに10分ほど焼く。中心部に竹串を刺し、スムーズに通れば焼き上がり。

41

pie
折りパイ
2

French Republic ●フランス共和国

42　chapter 2　フランスに代表される「折りパイ」

フランスのアップルパイ

サクサク食感の折りパイ生地を型を使わず丸形にし、フランス人が大好きな「アーモンドクリーム」をしき、りんごのスライスを美しく並べて焼き上げます。カフェや家庭で親しまれている味です。

Ingredients

● 材料：直径9インチ（23.5cm）の丸型1枚分

【生地（基本の生地の半量）】
薄力粉 …65g
強力粉 …65g
塩 …小さじ1/4
バター（食塩不使用／シュレッドして冷凍）…95g
冷水 …70㎖

【りんごの飾り】
りんご …1〜2個

【アーモンドクリーム】
アーモンド …60g
粉糖 …30g
Ⓐ 卵白 …10g
　 バニラエクストラクト …小さじ1/4

【シロップ】
グラニュー糖 …大さじ1
熱湯 …大さじ1

【散らし用】
グラニュー糖 …大さじ2

【仕上げ（ジャム液）】
好みのジャム …大さじ1
ブランデー …大さじ1

Recipe

● 作り方

【生地】
1　折りパイの作り方と同様にする。
➡ 38〜39ページ参照

【りんごの飾り】
2　りんごは皮をむかず、厚さ2〜3mmのくし形切りにする。

【アーモンドクリーム】
3　アーモンドはフードプロセッサーで細かく砕く。粉糖を数回にわけて加え、フードプロセッサーで混ぜる。
4　Ⓐを加えてフードプロセッサーで混ぜる。

【組み立て】
5　打ち粉（分量外）をした台の上で、1の生地をローリングピンで直径23〜25cmの丸形にのばす。
6　生地の縁を2cmほど残し、4のアーモンドクリームを広げる。
7　6の上に2のりんごを並べ、グラニュー糖を熱湯で溶かしたシロップをハケで表面に塗る。その上にグラニュー糖を散らす。
8　210℃に予熱したオーブンで15分ほど焼き、200℃に下げてさらに15分ほど焼く。

【仕上げ（ジャム液）】
9　焼き上がったらすぐに、好みのジャムとブランデーを混ぜたジャム液を表面に塗る。

Kingdom of Spain ●スペイン王国

スペインのタルタ・デ・マンサナ

スペインで有名な料理研究家のレシピにヒントをもらって、よりシンプルでより簡単に作れるレシピを私なりに考えてみました。「カスタードクリーム」の上にりんごを並べて焼くだけですが、ティータイムのおやつにも食後のデザートにもぴったり。

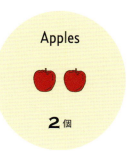

Apples

2個

Ingredients

● 材料：15 × 10cmの長方形6枚分

【生地】
薄力粉 …125g
強力粉 …125g
塩 …小さじ1/2
バター（食塩不使用／シュレッドして冷凍）…190g
冷水 …140mℓ

【りんごの飾り】
りんご …2個

【カスタードクリーム】
カスタードクリーム（50ページ参照）…180g

【散らし用】
バター（食塩不使用）…適量
グラニュー糖 …適量

【仕上げ（粉糖）】
粉糖 …適量

Recipe

● 作り方

【生地】

1 折りパイの作り方と同様にする。
➡ 38 〜 39ページ参照

【りんごの飾り】

2 りんごは皮をむかず、厚さ2 〜 3mmのくし形切りにする。

【組み立て】

3 打ち粉（分量外）をした台の上で、**1**の生地を6等分にし、それぞれローリングピンで18 × 12cmの長方形にのばす。

4 生地の縁を1cmほど残し、カスタードクリーム30gほどを広げる。

5 **4**の上に**2**のりんごを並べ、生地の縁を折りたたむ。バター、グラニュー糖を散らす。

6 ベーキングペーパーをしいた天板にのせ、200℃に予熱したオーブンで20分ほど焼く。

【仕上げ（粉糖）】

7 **6**の粗熱が取れたら、粉糖をふる。

ベルギーのアップルパイ

チョコレートにワッフルと魅惑的なスイーツ大国ベルギー。
長方形に焼き上げた飾り気のないプレーンなアップルパイは、
スイーツだけでなく、朝食など軽い食事にもなりそうです。
お好みで「ホイップクリーム」を添えても。

Apples
約 **2.3** 個

Ingredients

● 材料：25×18cmのスクエア型1台分

【生地】
薄力粉 …125g
強力粉 …125g
塩 …小さじ1/2
バター（食塩不使用／シュレッドして冷凍）…190g
冷水 …140㎖

【りんごのフィリング】
りんご …正味400g
Ⓐ ブラウンシュガー …75g
　サルタナレーズン …25g
　レモン皮のすりおろし（農薬不使用）…大さじ1/2
　シナモンパウダー …小さじ1

【散らし用】
バター（食塩不使用／1cm角に切って冷蔵）…20g

Recipe

● 作り方

【生地】

1 折りパイの作り方と同様にする。
→ 38～39ページ参照

【りんごのフィリング】

2 りんごは皮をむき、厚さ3～4mmのいちょう切りにする。

3 ボウルに**2**、Ⓐを入れて両手で混ぜ、りんごがしんなりするまで10分ほどおく。

【組み立て】

4 打ち粉（分量外）をした台の上で、**1**の生地を2等分にし、それぞれローリングピンで25×18cmより少し大きめの長方形にのばす。

5 型の底に**4**の生地を1枚しき、その上に**3**のりんごのフィリングをふんわり広げ、バターを散らす。

6 もう1枚の**4**の生地の全体に、フォークで空気穴を開ける。ふたをするように**5**の上にかぶせる。生地の縁を指で軽くおさえる。

7 230℃に予熱したオーブンで10分ほど焼き、210℃に下げてさらに15分ほど焼く。竹串を刺し、生地がついてこなければ焼き上がり。

pie
折りパイ
4

Kingdom of Belgium ●ベルギー王国

pie
折りパイ
5

Kingdom of Denmark ● デンマーク王国

デンマークのアップルパイ

折りパイを棒状に切ってくるくると巻き、
スパイシーなフィリングと「ストゥルーズル」をのせて焼いたら、
「グレーズ」で美しく仕上げます。
まるでデニッシュのような、小さいサイズのアップルパイです。

Apples

約 **0.9** 個

Ingredients

● 材料：6個分

【生地（基本の生地の半量）】
薄力粉 … 125g
強力粉 … 125g
塩 … 小さじ1/2
バター（食塩不使用／シュレッドして冷凍）… 190g
冷水 … 70㎖

【りんごのフィリング】
りんご … 正味160g
Ⓐ グラニュー糖 … 40g
　水 … 20㎖
　バター（食塩不使用）… 20g
　コーンスターチ … 小さじ1/2
　シナモンパウダー … 小さじ1/4
　ナツメグパウダー … 小さじ1/8
　塩 … ひとつまみ

【ストゥルーズル】
Ⓑ 薄力粉 … 15g
　ブラウンシュガー … 大さじ1/2
　シナモンパウダー … 小さじ1/8
溶かしバター（食塩不使用）… 5g

【溶き卵】
卵 … 1個
水 … 大さじ1

【仕上げ（グレーズ）】
粉糖 … 50g
Ⓒ 生クリーム … 大さじ2 〜（様子を見ながら調整）
　バニラエクストラクト … 少々

Recipe

● 作り方

【生地】

1　折りパイの作り方と同様にする。
➡ 38 〜 39ページ参照

【りんごのフィリング】

2　りんごは皮をむき、1cmほどの角切りにする。

3　鍋にⒶを入れて中火にかけ、ひと煮立ちしたあと**2**を加え、りんごの形が残る程度まで煮詰める。

【ストゥルーズル】

4　ボウルにⒷを入れて混ぜ、溶かしバターを加えて混ぜ合わせる。両手でサラサラになるよう混ぜる。

【組み立て】

5　打ち粉（分量外）をした台の上で、**1**の生地をローリングピンで25×25cmほどの正方形にのばし、幅2cmほどの棒状に切る。卵と水を混ぜた溶き卵をハケで表面に塗る。ベーキングペーパーの上で、生地2本分をツイストさせてから、うず巻き状に円形にする。

6　**3**のりんごのフィリングを散らし、**4**のストゥルーズルをふる。

7　210℃に予熱したオーブンで15分ほど焼き、190℃に下げてさらに15分ほど焼く。

【仕上げ（グレーズ）】

8　ボウルに粉糖を入れ、Ⓒを加えて混ぜる。ゆるさが足りなければ、生クリームを少しずつ加える。

9　**7**の粗熱が取れたら、**8**をかける。

column 3
カスタードクリームの作り方

りんごのフィリングと合わせるだけでなく、焼き上がったアップルパイに添えて一緒にいただいてもおいしいカスタードクリーム。作ったその日のうちに食べきりたいところですが、もし余ったら保存袋などに入れてしっかり空気を抜き、冷蔵保存すれば、1～2日は日持ちします。

●本書では、「フランスのショソン・オ・ポム（40～41ページ参照）」「スペインのタルタ・デ・マンサナ（44～45ページ参照）」で用います。また、「ブリティッシュアップルパイ（26～27ページ参照）」に添えています。

●材料：でき上がり約200g

卵黄 …1個分
Ⓐ グラニュー糖 …30g
　コーンスターチ …大さじ1
　塩 …小さじ1/8
Ⓑ 牛乳 …80㎖
　生クリーム …80㎖
Ⓒ バター（食塩不使用）…15g
　ラム酒 …小さじ2/3

●作り方
1　ボウルに卵黄を入れて軽く溶き、Ⓐを加えてよく混ぜる。
2　電子レンジなどで軽く温めたⒷを加え、手早く混ぜ合わせる。
3　ストレーナーでこしながら、小鍋に移し入れる。中弱火にかけ、ホイッパーで絶えず混ぜ続ける。
4　とろみがついて、ホイッパーで混ぜた跡が残るようになったら火から下ろし、Ⓒを加えてよく混ぜる。
5　バットなど面積の広い容器に移し入れ、ぴっちりとラップをはりつけて、保冷剤を当てるなどして冷ます。冷めたら、冷蔵庫で保存する。

chapter 3

オーストリアに代表される「フィロ生地」のシュトゥルーデル

市販のフィロ生地を使って、
繊細に焼き上げる「シュトゥルーデル」。
オーストリア、チェコ、イタリア。
遥か昔のヨーロッパの女帝が好んだ、伝統的なアップルパイ。

フィロ生地の組み立て方

本書では、
市販の冷凍フィロ生地を使います。
最近は、製菓材料店やネット通販などで、
フランスなどから輸入されたフィロ生地が
手に入りやすくなりました。
1枚あるいは2枚ずつ、
溶かしバターを塗りながら生地を重ね、
フィリングを包み込んで焼き上げます。

基本の材料：40〜50×12〜15cmの長方形1本分
【生地】
市販のフィロ生地…4〜5枚
溶かしバター（食塩不使用）…適量

・フィロはギリシア語で「葉」の意味。粉、塩、脂、水分で作られ、イーストは含みません。紙のように薄くて繊細な生地です。
・使う際には、しっかり解凍します。それからロール状に詰められた生地をやさしく広げ、1枚あるいは2枚ずつ丁寧にはがします。
・1袋8〜10枚入りが多いので、余った生地はポリ袋などに入れて冷蔵し、早めに使いきりましょう。

Ingredients

Recipe

基本の作り方

ベーキングペーパーの上にフィロ生地を広げ、ハケで溶かしバターを薄く塗る。

その上にフィロ生地を1〜2枚重ねる。

生地が少し切れてしまっても、重ねて使うのでOK。

重ねるたびに溶かしバターを塗る。生地の両端までしっかり塗ること。

生地の真ん中にパン粉のフィリングを広げる。

その上にりんごのフィリングを重ねる。

ベーキングペーパーごと、手前の生地を巻き込む。

ベーキングペーパーを外し、生地を巻き込んでいく。

くるくると巻き込む。

生地の端の内側に溶かしバターをハケで塗り、巻き終わりをしっかりと閉じる。

手で両端を軽く閉じる。

表面にハケで溶かしバターを薄く塗る。

Republic of Austria ●オーストリア共和国

54　chapter 3　オーストリアに代表される「フィロ生地」のシュトゥルーデル

Apples
約**1.4**個

オーストリアの
アプフェルシュトゥルーデル

「アプフェルシュトゥルーデル」はオーストリアの有名な伝統菓子。
紙のように薄くて繊細なフィロ生地で、
ヘーゼルナッツやレーズンと合わせたりんごのフィリングを巻きます。
ハプスブルク家のマリア・テレジアが愛した菓子といわれています。

Ingredients

● 材料：40〜50×12〜15cmの長方形1本分

【生地】
市販のフィロ生地 …4 〜 5枚
溶かしバター（食塩不使用）…適量

【パン粉のフィリング】
パン粉 …25g
バター（食塩不使用）…25g
ヘーゼルナッツ（粗く砕く）…40g

【りんごのフィリング】
りんご …正味250g
Ⓐ グラニュー糖 …15g
　 レモン汁 …大さじ1/2
　 シナモンパウダー …小さじ1/4
ラムレーズン …25g
（レーズン15gをラム酒10gに浸けておく）

Recipe

● 作り方

【パン粉のフィリング】

1　フライパンにバターを入れ、泡が出てきたらパン粉を加え、きつね色になるまで炒める。

2　ヘーゼルナッツを加えて軽く炒める。粗熱を取っておく。

【りんごのフィリング】

3　りんごは皮をむき、7mmほどの角切りにする。

4　鍋に**3**、Ⓐを入れて中火にかけ、しんなりするまで炒める。ラムレーズンを加える。粗熱を取っておく。

【組み立て】

5　フィロ生地の組み立て方と同様にする。

➡ 52 〜 53ページ参照

6　ベーキングペーパーをしいた天板にのせ、200℃に予熱したオーブンで10分ほど焼く。オーブンから取り出して全体に溶かしバターを塗り、180℃に下げてさらに20分ほど焼く。

56　chapter 3　オーストリアに代表される「フィロ生地」のシュトゥルーデル

チェコのシュトゥルーデル

Apples

約 **1.5** 個

チェコで愛されるアップルパイも、
フィロ生地でフィリングを巻く「シュトゥルーデル」です。
りんごのフィリングにはくるみとレーズンを合わせ、
甘味をおさえているので、さわやかな酸味が楽しめます。

Ingredients

● 材料：40〜50×12〜15cmの長方形1本分

【生地】
市販のフィロ生地 …4〜5枚
溶かしバター（食塩不使用）…適量

【パン粉のフィリング】
パン粉 …30g

【りんごのフィリング】
りんご …正味270g
Ⓐ グラニュー糖 …大さじ2
　シナモンパウダー …小さじ1/2
レーズン …30g
くるみ（乾煎りして細かく刻む）…大さじ1

Recipe

● 作り方

【パン粉のフィリング】
1 フライパンにパン粉を入れ、きつね色になるまで炒める。粗熱を取っておく。

【りんごのフィリング】
2 りんごは皮をむき、シュレッドする。
3 ボウルに**2**、Ⓐを入れて両手で混ぜ、使う直前に軽く汁気をきる。
4 くるみ、レーズンを混ぜる。

【組み立て】
5 フィロ生地の組み立て方と同様にする。
➡ 52〜53ページ参照
6 ベーキングペーパーをしいた天板にのせ、200℃に予熱したオーブンで20分ほど焼く。オーブンから取り出して全体に溶かしバターを塗り、180℃に下げてさらに10分ほど焼く。

Apples
約 **2.1** 個

イタリアのシュトゥルーデル

イタリアでも「シュトゥルーデル」はよく食べられています。
オーストリアとの国境にあたる北イタリアの郷土菓子であり、
菓子屋さんやレストランでも供される冬の定番の味。
りんごのフィリングには松の実とレーズンを加えました。

Ingredients

● 材料：40〜50×12〜15cmの長方形1本分

【生地】
市販のフィロ生地 …4〜5枚
溶かしバター（食塩不使用）…適量

【パン粉のフィリング】
パン粉 …30g

【りんごのフィリング】
りんご …正味360g
Ⓐ バター（食塩不使用）…80g
　レーズン …50g
　松の実 …50g
　グラニュー糖 …大さじ2
　シナモンパウダー …小さじ1
　レモン汁 …小さじ1/4

Recipe

● 作り方

【パン粉のフィリング】
1 フライパンにパン粉を入れ、きつね色になるまで炒める。粗熱を取っておく。

【りんごのフィリング】
2 りんごは皮をむき、1.5cmほどの角切りにする。
3 鍋に**2**、Ⓐを入れて中火にかけ、りんごがしんなりするまで煮詰める。粗熱を取っておく。

【組み立て】
4 フィロ生地の組み立て方と同様にする。
➡ 52〜53ページ参照
5 ベーキングペーパーをしいた天板にのせ、200℃に予熱したオーブンで20分ほど焼く。オーブンから取り出して全体に溶かしバターを塗り、180℃に下げてさらに10分ほど焼く。

filo
フィロ
3

Italian Republic ● イタリア共和国

column 4
クランブル／ストゥルーズルの作り方

カリカリ、サクサクのクランブル。
国によっては、ストゥルーズルとも呼ばれます。
りんご、バナナ、ベリー類といった果物にのせて
焼いたり、マフィンやケーキのトッピングにしたり。
また、パンにのせてトーストしてもおいしいですし、
ヨーグルトに混ぜるのもおすすめ。
たくさん作って保存袋に入れ、冷凍保存しておけば、
2週間ほどは日持ちします。

●本書では、「オランダのダッチ・アップルパイ（28〜29ページ参照）」で用います。

● 材料：でき上がり約390g

Ⓐ 薄力粉 …180g
　 ブラウンシュガー …100g
　 シナモンパウダー …小さじ1
　 塩 …ひとつまみ
溶かしバター（食塩不使用）…110g

● 作り方

1　ボウルにⒶを入れて混ぜ、溶かしバターを加えて混ぜ合わせる。冷蔵庫で5分ほど休ませる。
2　小さなかたまりになるように、指先でパラパラとほぐす。

chapter 4

「タルト風の生地」を使って

タルト風の生地を使って、個性的に焼き上げます。

フランス、スイス、ハンガリー。

自由で楽しい、ユニークな発想が生んだ、変わり種のアップルパイ。

tart タルト 1

French Republic ●フランス共和国

フランスのタルト・タタン

19世紀のフランス、タタン姉妹のホテル「タタン」で誕生しました。
伝統的なアップルパイを作るつもりがミスをして、
失敗を取り返そうと苦肉の策で完成させたのが
今や世界各国で愛される「タルト・タタン」だったのです。

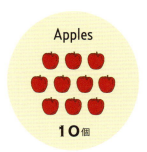

Apples
10個

Ingredients

● 材料：直径18cmの底がはずせる丸型1台分

【生地】
バター（食塩不使用／室温）…60g
🅐 グラニュー糖 …ひとつまみ
　塩 …ひとつまみ
🅑 水 …40ml
　卵黄 …1個分
薄力粉 …150g

【りんごのカラメリゼ】
りんご …10個
グラニュー糖 …200g
バター（食塩不使用）…100g

Recipe

● 作り方

【生地】

1 ボウルにバターを入れ、ハンドミキサーの低速でクリーム状にする。🅐を加えて混ぜ、さらに🅑を加えて混ぜる。バターは分離した状態でOK。

2 ふるった薄力粉を2回にわけて加え、そぼろ状にする。生地をひとつにまとめ、ラップに包み、冷蔵庫で30分ほど休ませる。

【りんごのカラメリゼ】

3 りんごは皮をむき、四つ切りにしたら、さらに半分に切る。

4 フライパンに半量のグラニュー糖を入れて中弱火にかけ、カラメル色になるまで煮詰めていく。バター、**3**、残りのグラニュー糖を加えて炒める。水分が出てきたら、混ぜながら煮詰める。水分がなくなったら、火を止める。

【組み立て】

5 打ち粉（分量外）をした台の上で、**2**の生地をローリングピンで厚さ5mmほどにのばし、型の直径に合わせて丸く切る。フォークで全体に空気穴を開ける。

6 型の底に**4**のりんごのカラメリゼをぎっしりとしきつめ、**5**の生地をかぶせる。

7 210℃に予熱したオーブンで30分ほど焼く。

8 粗熱が取れたら、冷蔵庫でしっかり冷やす。逆さまにして、器に取り出す。取り出しにくい場合は、まわりを少し温めるといい。

スイスのアップルパイ

タルト風の生地にりんごのスライスを美しく並べ、
やさしい味わいの「カスタードソース」を回しかけて焼き上げます。
スイスの家庭で親しまれているママの味。
仕上げの粉糖が雪景色のようできれいです。

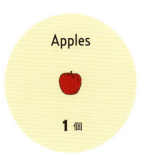

Ingredients

● 材料：直径18cmタルト型1台分

【生地】
バター（食塩不使用／室温）…45g
グラニュー糖 …大さじ1/2
Ⓐ 強力粉 …50g
　薄力粉 …25g
冷水 …大さじ2

【りんごのフィリング】
りんご …1個
グラニュー糖 …大さじ1

【カスタードソース】
生クリーム …80ml
ブラウンシュガー …大さじ1
卵 …1/2個
卵黄 …1個分
コーンスターチ …大さじ1/2

【仕上げ（粉糖）】
粉糖 …適量

Recipe

● 作り方

【生地】

1　ボウルにバターを入れ、ハンドミキサーの中速でかくはんする。グラニュー糖を加えて混ぜ、さらに合わせてふるったⒶを加えて混ぜる。

2　冷水を加え、生地をひとつにまとめる。ラップに包み、冷蔵庫で1時間ほど休ませる。

3　打ち粉（分量外）をした台の上で、**2**の生地をローリングピンで直径22cmほどの丸形にのばす。

4　型の底に**3**の生地をしき、型からはみ出た生地は切り落とし、フォークで全体に空気穴を開ける。

5　190℃に予熱したオーブンで20分ほど空焼きをする。

【りんごのフィリング】

6　りんごは皮をむかず、厚さ3mmほどのくし形切りにする。

7　バットに**6**を並べてグラニュー糖をふり、5分ほどおく。

【カスタードソース】

8　別のボウルにすべての材料を入れて混ぜる。

【組み立て】

9　**5**の空焼きした生地に**7**のりんごのフィリングを丸く並べ、**8**のカスタードソースを回しかける。

10　180℃に予熱したオーブンで20分ほど焼く。

【仕上げ（粉糖）】

11　**10**の粗熱が取れたら、粉糖をふる。

chapter 4　「タルト風の生地」を使って

Swiss Confederation ●スイス連邦

tart
タルト
2

tart
タルト
3

Hungary ●ハンガリー

chapter 4 「タルト風の生地」を使って

ハンガリーのアップルパイ

ハンガリーでは、りんごなどを使う「フルーツスープ」が有名ですが、タルト風の生地で長方形に焼くアップルパイがあります。焼き上がったら、「グレーズ」をたっぷりかけて仕上げます。パイ、タルト、ケーキのいいところ取りのようなユニークな味わいです。

Apples
約 **2.9** 個

Ingredients

● 材料：25 × 18cmのスクエア型1台分

【生地】
バター（食塩不使用／室温）…125g
グラニュー糖…75g
Ⓐ 卵…1個
　バニラエクストラクト…小さじ1/8
Ⓑ 薄力粉…250g
　ベーキングパウダー…小さじ1

【りんごのフィリング】
りんご…正味500g
バター（食塩不使用）…20g
Ⓒ 粉糖…35g
　レモン汁…大さじ1/2
　コーンスターチ…小さじ1
　シナモンパウダー…小さじ1/4

【溶き卵】
卵…1個
水…大さじ1

【仕上げ（グレーズ）】
粉糖…100g
牛乳…20g
バニラエクストラクト…少々

Recipe

● 作り方

【生地】
1 ボウルにバターを入れ、ハンドミキサーの中速でかくはんする。グラニュー糖を加えてしっかりと混ぜ、さらにⒶを加えて混ぜる。
2 合わせてふるったⒷを2回にわけて加え、生地をひとつにまとめる。

【りんごのフィリング】
3 りんごは皮をむき、厚さ2mmほどのいちょう切りにする。
4 鍋にバターを入れて中火にかけ、バターが溶けたら**3**、Ⓒを加え、りんごが少ししんなりするまで煮る。粗熱を取っておく。

【組み立て】
5 打ち粉（分量外）をした台の上で、**2**の生地を2等分にし、それぞれローリングピンで25 × 18cmより少し大きめの長方形にのばす。
6 型の底に**5**の生地を1枚しき、その上に**4**のりんごのフィリングを広げる。
7 もう1枚の**5**の生地を、ふたをするように**6**の上にかぶせる。生地の縁を指で軽くおさえる。
8 卵と水を混ぜた溶き卵をハケで表面に塗り、包丁の背で模様を描く。
9 190℃に予熱したオーブンで30〜35分焼く。竹串を刺し、生地がついてこなければ焼き上がり。

【仕上げ（グレーズ）】
10 ボウルにすべての材料を入れて混ぜ合わせる。
11 **9**の粗熱が取れたら、表面に**10**をかける。

column 5
紅玉が手に入らなかったら

「紅玉」以外で、アップルパイに合うりんごを挙げるなら、
「ジョナゴールド」「マッキントッシュ」「コートランド」「エンパイア」「グラニースミス」。
日本では馴染みのない品種もありますが、機会があったら、ぜひお試しください。

◆ ジョナゴールド　Jonagold

　1968年、「紅玉」×「ゴールデンデリシャス」の交配で誕生した、アメリカ・ニューヨーク生まれのりんご。日本には1970年に導入され、以来、青森県を中心に数多く栽培されています。1個300〜400gとかなり大きめ。ほどよい甘味のなかに、さわやかな酸味が際立っています。

◆ マッキントッシュ　McIntosh

　1811年にカナダの農家ジョン・マッキントッシュさんによって、偶然発見されたりんごです。日本には1871年に「紅玉」と一緒に導入され、「旭」と呼ばれています。カナダや北米では主要品種のひとつですが、日本ではごく少量しか作られていません。甘味と酸味がともにあり、香りが強いのが特徴。Apple社のパソコン・マッキントッシュは、このりんごの名前にちなんでいます。

◆ コートランド　Cortland

　1898年にアメリカ・ニューヨークで誕生したりんごです。シャキシャキとした食感で、まろやかな酸味なので、アップルパイなどのベーキングにぴったりとされています。

◆ エンパイア　Empire

　1966年にアメリカ・ニューヨークで誕生したりんごです。甘味と酸味のバランスがちょうどよく、加熱しても煮崩れせずにサクサク感が残るので、まさにアップルパイ向きです。

◆ グラニースミス　Granny Smith

　1868年にオーストラリアで発見された偶発実生の青りんごです。酸味が強いのが特徴。グラニースミス＝スミスおばあちゃんの名は、最初にこの木を育てた女性の愛称に由来します。

パイと呼ばれる
「ケーキ風の生地」で

生地のレシピはケーキ風なのに、
現地ではパイと呼ばれることが多いりんごの菓子。
ウクライナ、ノルウェー、クロアチア、イタリア、ギリシャ。
誠実に生きる人々の家庭で焼かれる、癒しのアップルパイ。

Ukraine ● ウクライナ

70　chapter 5　パイと呼ばれる「ケーキ風の生地」で

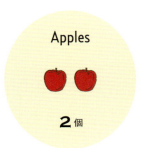

ウクライナのシャロッカ

私の夫はウクライナ系アメリカ人で、
ニューヨークのアパートでは義父母と同居しています。
料理上手の義母から、「アップルパイのレシピよ」と教わりました。
生地はケーキ風なのですが、なぜかパイとも呼ばれています。

Ingredients

● 材料：直径18cmの底がはずせる丸型1台分

【生地】
卵 …1と1/2個
グラニュー糖 …100g
サワークリーム …75g
サラダ油 …40g
バニラエクストラクト …小さじ1/2
Ⓐ 薄力粉 …125g
　 ベーキングパウダー …小さじ1
　 塩 …ひとつまみ
ラムレーズン …40g
　（レーズン20gをラム酒20gに浸けておく）
りんご …1個

【りんごの飾り】
りんご …1個
レモン汁 …大さじ1/2

【仕上げ（粉糖）】
粉糖 …適量

Recipe

● 作り方

【生地】
1　ボウルに卵を入れ、ハンドミキサーの低速で溶きほぐす。グラニュー糖、サワークリーム、サラダ油、バニラエクストラクトを順に加え、その都度低速のまま混ぜる。
2　合わせてふるったⒶを2回にわけて加えて混ぜ合わせる。
3　ラムレーズンと、皮をむき、厚さ2mmほどのいちょう切りにしたりんごを加え、混ぜる。

【りんごの飾り】
4　りんごは皮をむかず、四つ切りにしてスライスし、レモン汁をふる。

【組み立て】
5　底にベーキングペーパーをしいた型に、**3**を流し入れて表面を平らにし、その上に**4**のりんごのスライスをバラの花びらのように並べる。
6　180℃に予熱したオーブンで30分ほど焼き、170℃に下げてさらに10分ほど焼く。中心部に竹串を刺し、生地がついてこなければ焼き上がり。

【仕上げ（粉糖）】
7　**6**の粗熱が取れたら、粉糖をふる。

Kingdom of Norway ●ノルウェー王国

cake
ケーキ
2

72　chapter 5　パイと呼ばれる「ケーキ風の生地」で

Apples

約 **0.8** 個

ノルウェーのアップルパイ

もとはかなり甘いアップルパイなのですが、
日本人の口に合うよう、甘味をおさえたレシピにしました。
生地のむっちりとした食感が楽しく、クセになる味わいです。
お好みで「バニラアイスクリーム」を添えても。

Ingredients

● 材料：直径9インチ（23.5cm）のパイ型1台分

【りんご】
りんご …正味140g

【生地】
卵 …1個
バニラエクストラクト …小さじ1/2
Ⓐ グラニュー糖 …100g
　薄力粉 …70g
　ブラウンシュガー …50g
　ベーキングパウダー …小さじ1
　塩 …ひとつまみ
Ⓑ くるみ（乾煎りして細かく刻む）…65g
　カルダモンパウダー …小さじ1/8

Recipe

● 作り方

【りんご】
1 りんごは皮をむき、1cmほどの角切りにする。

【生地】
2 ボウルに卵とバニラエクストラクトを入れ、ハンドミキサーの低速で溶きほぐす。
3 合わせてふるったⒶを加え、低速のまま混ぜる。
4 **1**のりんご、Ⓑを加え、ゴムベラで混ぜる。

【組み立て】
5 型に薄くバター（分量外）を塗り、**4**を流し入れる。
6 180℃に予熱したオーブンで25分ほど焼く。中心部に竹串を刺し、生地がついてこなければ焼き上がり。

cake
ケーキ
3

Republic of Croatia ●クロアチア共和国

74　chapter 5　パイと呼ばれる「ケーキ風の生地」で

クロアチアのアップルパイ

アドリア海に面するバルカン半島のクロアチアには1000以上の島々があり、リゾート地としても知られています。カスタードパイ「クレムシュニテ」が郷土菓子として有名ですが、家庭では素朴なアップルパイが焼かれていました。

Apples
約 **2.2** 個

Ingredients

● 材料：直径18cmの底がはずせる丸型1台分

【生地】

Ⓐ 薄力粉 …75g
　強力粉 …75g
　グラニュー糖 …20g
　ベーキングパウダー …6g
　塩 …ひとつまみ

Ⓑ パン粉 …大さじ1
　レモン皮のすりおろし（農薬不使用）…小さじ2

溶かしバター（食塩不使用）…75g

Ⓒ 卵黄 …1個分
　バニラエクストラクト …小さじ1/2

サワークリーム …60g

【りんごのフィリング】

りんご …正味380g

Ⓓ グラニュー糖 …15g
　ラムレーズン …15g
　（レーズン10gをラム酒5gに浸けておく）
　シナモンパウダー …小さじ1

Recipe

● 作り方

【生地】

1 ボウルに合わせてふるったⒶ、Ⓑを入れて溶かしバターを加え、ハンドミキサーの低速でかくはんする。Ⓒ、サワークリームを順に加え、その都度低速のまま混ぜる。

2 生地を2等分してそれぞれラップに包み、冷蔵庫で2時間ほど休ませる。

【りんごのフィリング】

3 りんごは皮をむき、シュレッドする。

4 ボウルに**3**、Ⓓを入れて両手で混ぜる。

【組み立て】

5 打ち粉（分量外）をした台の上で、**2**の生地をふたつともローリングピンで直径20cmほどの丸形にのばす。1枚は型の直径に合わせて丸く切り、直径1cmの口金で8〜10か所の穴を開ける。

6 型の底に**5**の20cm大の生地をしき、型の高さに合わせて2cmほど手でのばす。その中に**4**のりんごのフィリングをふんわりと広げる。

7 もう1枚の**5**の直径に合わせて切った生地をかぶせ、全体を軽くおさえる。

8 190℃に予熱したオーブンで25分ほど焼き、170℃に下げてさらに5分ほど焼く。中心部に竹串を刺し、生地がついてこなければ焼き上がり。

イタリア・トスカーナ地方の
アップルケーキ

ルネサンスの中心地フィレンツェなどの古都を擁するトスカーナ地方。
栄華を極めたメディチ家が発展させた宮廷菓子だけでなく、
シンプルな日々の菓子も作り継がれています。
私がアップルパイとして教わったりんごのケーキのレシピです。

Apples

約**1.3**個

Ingredients

● 材料：直径18cmの底がはずせる丸型1台分

【りんごのフィリング】

りんご …正味225g

バター（食塩不使用）…10g

Ⓐグラニュー糖 …大さじ1

　レモン汁 …大さじ1

【生地】

卵 …1個

バニラエクストラクト …小さじ1/2

Ⓑグラニュー糖 …60g

　塩 …ひとつまみ

サラダ油 …50g

牛乳 …25g

Ⓒ薄力粉 …90g

　ベーキングパウダー …小さじ1

Recipe

● 作り方

【りんごのフィリング】

1　りんごは皮をむき、厚さ5mmほどのいちょう切りにする。

2　フライパンにバターを入れて中火にかけ、バターが溶けたら**1**、Ⓐを加え、軽く炒める。粗熱を取っておく。

【生地】

3　ボウルに卵とバニラエクストラクトを入れ、ハンドミキサーの低速で溶きほぐす。合わせたⒷを3回にわけて加え、白くもったりするまで混ぜる。

4　サラダ油を少しずつ加えて混ぜ、牛乳を加えて混ぜる。

5　合わせてふるったⒸを加えて混ぜ、粉が少しだけ残ったところでゴムベラにもちかえ、粉がなくなるまで混ぜる。

【組み立て】

6　底にベーキングペーパーをしいた型に、**5**を流し入れ、その上に**2**のりんごのフィリングを散らす。

7　190℃に予熱したオーブンで20分ほど焼き、180℃に下げてさらに15分ほど焼く。中心部に竹串を刺し、生地がついてこなければ焼き上がり。

Italian Republic • イタリア共和国

cake ケーキ 5

Hellenic Republic
●ギリシャ共和国

chapter 5　パイと呼ばれる「ケーキ風の生地」で

Apples

約 **0.7** 個

ギリシャのミロピタ

ギリシャ人のママの味、昔ながらのアップルパイです。
作る人によってそれぞれのレシピをお持ちですが、
本書では、生地の上にりんごのフィリングを散らし、
最後に「ブラウンソース」を回しかけて焼き上げました。

Ingredients

● 材料：直径18cmの底がはずせる丸型1台分
【ブラウンソース】
Ⓐ バター（食塩不使用）…25g
　ブラウンシュガー …大さじ2
　シナモンパウダー …小さじ1/2

【生地】
バター（食塩不使用／常温）…65g
グラニュー糖 …100g
Ⓑ 卵 …1個
　バニラエクストラクト …小さじ3/4
Ⓒ 薄力粉 …90g
　ベーキングパウダー …小さじ1/2
牛乳 …大さじ2

【りんごのフィリング】
りんご …正味120g
レモン汁 …大さじ1

Recipe

● 作り方
【ブラウンソース】

1　鍋にⒶを入れて中弱火にかけ、バターが溶けて全体がなめらかになったら、火を止める。

【生地】

2　ボウルにバターを入れ、ハンドミキサーの中速でかくはんする。グラニュー糖を2〜3回にわけて加え、しっかりと混ぜる。

3　Ⓑを2〜3回にわけて加え、低速で混ぜる。合わせてふるったⒸを加えて混ぜ、さらに牛乳を加えて混ぜる。

【りんごのフィリング】

4　りんごは皮をむき、厚さ1cmほどのいちょう切りにし、レモン汁をふる。

【組み立て】

5　底にベーキングペーパーをしいた型に、**3**を流し入れる。その上に**4**のりんごのフィリングを散らし、**1**のブラウンソースを回しかける。熱いままでOK。

6　180℃に予熱したオーブンで35分ほど焼く。中心部に竹串を刺し、生地がついてこなければ焼き上がり。

平野 顕子　Akiko HIRANO

料理研究家。アップルパイとアメリカンベーキングの専門店である京都・高倉御池のCafe&Pantry松之助本店と東京・代官山のMATSUNOSUKE N.Y. のオーナー。京都と東京にお菓子教室「平野顕子ベーキングサロン」も開校。著書に『「松之助」オーナー・平野顕子のやってみはったら！　60歳からのサードライフ』（主婦と生活社）、『アメリカンスタイルのアップルパイ・バイブル』（河出書房新社）、夫イーゴ・キャプションとの共著に『キャプション家に伝わる日々のごはん　ウクライナの家庭料理』（PARCO出版）など多数。

平野顕子インスタグラム…@hiranoakiko214
松之助ホームページ…https://matsunosukepie.com
松之助 京都本店インスタグラム…@matsunosukepie
松之助ニューヨーク代官山店インスタグラム…@matsunosukeny

世界のアップルパイ
こんなアップルパイがあったんだ！
フランス、スペイン、オランダ、ポーランド、オーストリアなど19カ国の27レシピ

発行日 2025年2月2日 第1刷

著者	平野顕子	料理アシスタント／	
発行人	小林大介	三並知子・多田奈穂子	
編集	堀江由美		
発行所	PARCO出版	撮影／広瀬貴子	
	株式会社パルコ	スタイリング／佐々木カナコ	
	東京都渋谷区宇田川町15-1	ブックデザイン／川添 藍	
	https://publishing.parco.jp	編集／本村のり子	
印刷・製本	TOPPANクロレ株式会社		

© 2025　Akiko HIRANO
無断転載禁止
ISBN978-4-86506-464-3 C2077
Printed in Japan

撮影小物協力／UTUWA
　　　　　　　tel.03-6447-0070

免責事項
本書のレシピについては万全を期しておりますが、
万が一、けがややけど、機器の破損・損害などが生じた場合でも、著者および発行所は一切の責任を負いません。